小学生综合能力提升课

反霸凌

鲁瞻 ◎ 编著　何冰天 ◎ 绘

山西出版传媒集团　三晋出版社

图书在版编目（CIP）数据

反霸凌 / 鲁瞻编著；何冰天绘. -- 太原：三晋出版社，2025.1. -- （小学生综合能力提升课）. -- ISBN 978-7-5457-3173-6

Ⅰ．G474-49

中国国家版本馆CIP数据核字第2025M5050U号

反霸凌

编　　著：	鲁　瞻
绘　　者：	何冰天
责任编辑：	冯　岩
助理编辑：	刘静萱

出　版　者：	山西出版传媒集团·三晋出版社
地　　　址：	太原市建设南路21号
电　　　话：	0351-4956036（总编室）
	0351-4922203（印制部）
网　　　址：	http://www.sjcbs.cn

经　销　者：	新华书店
承　印　者：	天津中印联印务有限公司

开　　　本：	710mm×1000mm　1/16
印　　　张：	7.5
字　　　数：	56千字
版　　　次：	2025年3月第1版
印　　　次：	2025年3月第1次印刷
书　　　号：	ISBN 978-7-5457-3173-6
定　　　价：	56.00元

如有印装质量问题，请与本社发行部联系　电话：0351-4922268

目录

001 导语

002 他们都不跟我玩，我就那么糟糕吗？

006 起外号，也是一种霸凌！

010 谣言满天飞，我该怎么办？

014 他们老是说我坏话，我该怎么办？

018 我能不听这些人的使唤吗？

022 他们说我不行，我就真的不行了吗？

026 我只是与众不同而已，为什么要嘲笑我？

030 他们总嘲笑我穿得寒酸

034 暗箭，让我苦不堪言

038 长得胖为什么就要被人一直开玩笑？

042 他们老说自己只是开玩笑，真的吗？

046 没有他们我就真的什么都不是了吗？

050 我害怕失去好朋友，只能忍着他的坏脾气

054 为什么他们会表面友善背后却孤立并嘲笑我？

058 为什么他们一直在网上骂我？

062 我的个人照片被他们当作威胁的工具

066 身上的伤，是我每天最不愿展示的秘密

070 每次被人推倒，我的心都在流血

074 男孩子扯我头发，是因为他喜欢我吗？

078 遭遇霸凌，我能带武器防身吗？

082 为什么那些"大人"要来欺负我？

086 我的东西不是他们的玩具！

090 如果我不给钱，他们会报复我吗？

094 孩子遇到霸凌，必须转学吗？

098 大人如何能更好地帮助孩子理解霸凌者？

102 大人是否可以找孩子学校的"领头人物"帮忙？

106 孩子动不动就想哭，这是抑郁了吗？看医生有用吗？

110 如果你看到有人被霸凌，你该这么做！

导语

近年来，霸凌事件频繁见诸报端，尤其是 2024 年 3 月的邯郸恶性事件，引起了社会广泛关注。霸凌不仅给受害者造成身体伤害，还会留下心理创伤。许多受害儿童不知如何自保，有些学校缺乏对霸凌的有效预防和干预机制，有些家庭应对霸凌的措施不足，这些都促使我撰写此书。

本书对各种霸凌行为详细分类并举例说明，包括一些容易被忽视的行为如扯头发、推搡等，还特别强调了语言霸凌的危害性，以及随着网络发展而出现的网络霸凌。我们需要认识到，网络并非法外之地，家长和教师应及时识别和处理这些新型霸凌手段。

书中还为受害者的家长、教师、学校和同学等提供了建议，强调了社会支持系统的重要性。强大的支持网络有助于受害者走出阴霾，对抑制霸凌、建立和谐校园环境具有深远影响。

无论你是学生、家长、教师还是教育工作者，我都希望这本书能为你提供有价值的信息。

他们都不跟我玩，我就那么糟糕吗？

没人想要和我做朋友，我在哪里都是一个人。我以为我会很快交到朋友，可是不管我怎样努力，都没有人愿意靠近我，和我做朋友。

你是否感到自己被孤立？

1. 你想和同学一起玩，但他们都不搭理你。

2. 分组活动时，你总是多余的那个。

3. 原本是你朋友的人，因为别人的挑唆而远离你。

4. 你觉得你不能融入集体，只要遇到人多的场合，你都会想要逃离。

被孤立是我的问题吗？

1. 被孤立往往不是你的错，霸凌者往往自卑或缺乏安全感，只能通过欺负他人来获得控制感和优越感。

2. 要区分被孤立的情况。有些同学可能其实不想孤立你，只是害怕自己也被排挤。这在心理学里叫"旁观者效应"。

3. 每个人都是特别的，你的与众不同是你的优点，不是缺点，欺负你的行为反映的是他们的问题，而非你的价值。

4. 你需要的是学习怎么展现自己的优点。但也要注意不要过于显示自己，你的处处高调也可能引发别人对你的排斥。

5. 真正的友情经得起考验，如果你勇敢善良真诚，你会赢得别人的尊重和喜欢，你会拥有自己的朋友。

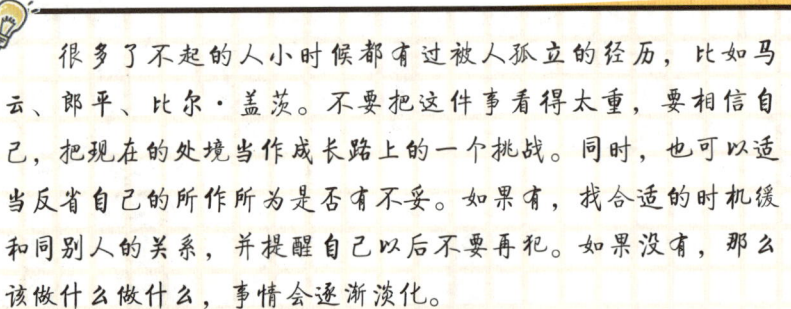

很多了不起的人小时候都有过被人孤立的经历，比如马云、郎平、比尔·盖茨。不要把这件事看得太重，要相信自己，把现在的处境当作成长路上的一个挑战。同时，也可以适当反省自己的所作所为是否有不妥。如果有，找合适的时机缓和同别人的关系，并提醒自己以后不要再犯。如果没有，那么该做什么做什么，事情会逐渐淡化。

怎么做，才能不被人孤立？

1. 可以去寻找被孤立的原因，如果确实是自己的问题，那么就需要调整自己。

2. 如果不是自己的过错，而是因为外貌、身高等特点被孤立，不用太在意。每个人都有特点，要学会接纳自己。

3. 尝试找到朋友。仔细观察周围的同学谁最友善？谁和你有共同的兴趣爱好？可以从小的事情开始与同学一点点增进友谊。

4. 可以跟老师谈谈，也许老师可以安排一些增加班级融洽程度的活动，或者给你一些具体的建议。

5. 开始行动，并多给自己鼓励。每天晚上，把一件你做到的勇敢的事写在纸条上，放进盒子里。比如"今天我主动和同学说话了"。逐渐你会发现盒子里装满了你的勇气！

起外号，也是一种霸凌！

　　同学之间适当开开玩笑起起外号以示亲昵，这当然无妨。可是，如果用取外号的方式挖苦贬低别人，通过伤害他人的自尊彰显自己的幽默感，从而提升自己的社交地位，这种行为就是一种霸凌。

你会被人起外号吗？

1. 你的个子很高，这个特点就会成为你的一个标签。

2. 你喜欢哭，也可能被人抓住不放。

3. 你家境很好，本质上与你无关，可是也会成为你的一个标记。

4. 即使你认为自己没有强烈的个性，几乎像是透明的，可有人就是想要欺负你。

为什么起外号也是一种霸凌？

1. 起外号不是单纯的开玩笑，有人想要通过起贬低他人的外号来提升自我价值感。

2. 特别是一些长期存在且有侮辱性质的外号，会给被起外号的人带来极大的心理压力或伤害。

3. 有一些同学会将起外号当成自己具有控制地位的象征，这就是霸凌。

4. 有一些外号会造成群体性的欺凌行为，让被起外号的人被团体孤立。

给同学起外号的行为在校园生活中非常常见。有些外号很可爱，是一种亲昵的表现。但有些外号则是侮辱性的，会给对方造成身心痛苦。所以，不要随意给别人起外号，也不要跟着起哄叫别人外号，这也是一种霸凌！

面对恶意的外号，该怎么办？

1. 坚决制止，并和起外号的同学交流，告诉对方这是一种不尊重他人的行为。

2. 如果对方仍坚持自己的霸凌行为，尝试不要把外号当回事。有时候，如果你表现出不在意，别人会失去兴致。

3. 你的外号只是你的特点，试试将它转化为优势。圣诞老人的驯鹿曾经因为"红鼻子"的外号备受困扰，但也是因为红到发亮的鼻子可以在冬夜指路，这反而帮助它成了领头鹿！

4. 增强自信，勇敢面对。请想象自己是个超级英雄，并创造一个能力清单来应对难题。比如想象自己有一个隐形的盾牌，可以反弹所有不友好的话。

谣言满天飞，我该怎么办？

不是我做的事情，为什么要说成是我做的？明明是捕风捉影，怎么说得跟真的一样？他们给我扣了好多莫须有的帽子，让我站在舆论的暴风眼。我要去辩解吗，还是只能默默忍受？

为什么会有谣言？

1. 你取得了好成绩，这成为他人的眼中刺。

2. 你的存在对他人来说是一种威胁，触犯了他们的利益。

3. 有人通过制造谣言，想要引起关注。

4. 有些人可能对某些特殊的群体持有偏见。

谣言会带来怎样的伤害？

1. 会给被造谣的一方带来严重的心理创伤，并且会破坏其与他人之间的关系。

2. 被造谣者可能会因此变得行为孤僻，或是极度渴望认同、拼命讨好别人。

3. 会引发群体的恐慌和不安，影响班级的稳定和团结。

4. 持续的谣言会严重影响他人的生活，正所谓"人言可畏"，言语有力量——它们可以建立，也可以摧毁。

有时候，造谣者只是无心之失，他不知道流言蜚语会带来什么样的危害。但这并不意味着被造谣者要默默承受，请大声地为自己辩护，必要时可以请老师、家长和同伴出出主意。记住，寻求帮助不是软弱，而是勇敢和聪明的表现。

最重要的是，相信自己。你了解真实的你，这比任何谣言都重要。

别人造我的谣,我该怎么办?

不要装作不知道。装聋作哑只会让别人信以为真,要为自己辩护,击破那些谣言。

学会用调侃的方式揭露造谣者的动机,比如对他们说:"你为什么要说谎?你是感到不安全或者想引起我的注意吗?"

控制自己的情绪。你越生气,大家就越可能觉得那些谣言是真的。试着分辨是谁在造谣,他的目的是什么。如果辩解没有意义,不如冷静面对。

必要时找老师反映情况,这样不仅能警告造谣者,还能有助于迅速消灭谣言。

谢谢你,老师!

向亲人或好友倾诉,疏导自己的愤懑,取得他们的理解和支持,也可能得到不错的建议和帮助。

他们老是说我坏话，我该怎么办？

有人老是在我背后说我坏话，给我带来很大的心理负担，让我做什么事情都会想到他们在背后会怎么说。

他们是怎么说你坏话的？

1. 你的体育能力突出，他们说你"四肢发达，头脑简单""以为自己能当刘翔"。

2. 你的成绩优秀，是老师的好帮手。他们说你"二报精""狗腿子"。

3. 你关心同学，是同学们的小棉袄。他们说你"她不过是喜欢刺探别人的隐私，满足她自己的好奇心而已""多管闲事"。

4. 你可能很内向，喜欢一个人独处。他们误以为你不够友好，不愿意和大家玩。

他们为什么说你坏话？

1. 检视自身，看你是否无意中伤害到别人。如果是这样，要调整你自己，学会友善对待他人。

2. 你的表现突出，使别人嫉妒，他们试图寻找心理平衡。

3. 有时候，人们会因为误会而说一些不好的话。这时候，勇敢且平和地去解释可能会有帮助。

4. 从众心理。因为别人都说你的坏话，不想被别人排挤，也会跟着说。

在成长的过程中，我们往往通过别人的反应来认识自己，这些反应有好有坏，但这只是帮助我们看到片面的自己。别人给你贴上各种"负面标签"，并不代表你就是那样。直面这些坏话，并试着用积极的方式来描述自己，这样做能帮助你更好地认识和欣赏自我。

别人说我坏话,我该怎么办??

1. 情绪降温:当你听到不好的话时,先深吸三口气,再去处理。

2. 核查事实:仔细思考这些坏话是否属实,通常你会发现,它们并不准确。

文迪还真是个热心肠的人。

3. 转换思维:想想这些负面评价里积极的一面,比如"多管闲事"也可以被理解为"乐于助人"。

4. 设立边界:学会对持续伤害你的人说"不",这是你的正当权力。

我能不听这些人的使唤吗?

为什么总是有人指使我做一些我不愿意做的事情?我又不是他们的奴隶。一旦我不听话,他们就会威胁、恐吓我,甚至是拳打脚踢。我该怎么办?

他们这样使唤我!

1. 他们做过的坏事,也要让你做,你要和他们一样。

2. 威胁你服从他们的命令。

3. 恐吓你,你不照做,就会受到他们的惩罚。

4. 你越在意什么,他们就越要说什么。反复试探,直到攻破你的心理防线,达到他们的目的。

他们为什么要使唤我?

1. 仔细分辨他们的意图,是有意霸凌,还是因为不善表达显得颐指气使。

2. 这件事他们自己不敢做,而要别人做。

3. 他们凭使唤别人来显示自己的权威。尤其是那些班里的"小霸王",他们总是要指使跟班,彰显自己的地位。

4. 他们想通过使唤你,试探你的态度,好确认你们是不是同伴。

> 在集体游戏或活动中,同学们需要服从和配合调度,这是在帮助大家学习交往与合作,并不算被人使唤。但确实有人为了在小群体中确立自己的权威,选择比较容易欺负的对象任意使唤。任何人恐吓、威迫你做你不想要做的,你都有权说"不",并及时向老师和家长反映,寻求他们的保护。

我能不听这些人的使唤吗?

1. 保持冷静的头脑,不要被他们的气势给吓到了,清楚自己的边界在哪里。

2. 如果需要配合的集体行动占用了你太多的时间,可以和派发任务的人商定每天固定的任务时间。

3. 在适当的时候,大声说"不",保护自己的权益。向家人、老师、朋友反映,寻求他们的支持和安慰。

4. 如果遇到比较严重的霸凌行为,如辱骂、殴打等,可以先想办法保护自己的安全,快速撤离后再想办法。

他们说我不行，
我就真的不行了吗？

每当别人说我不行的时候，我就心惊胆战，就觉得自己像个小丑，所有人都在看着我出丑。他们讽刺我取笑我，那些话语像飞刀一样刺向我。我只想逃到一个安全的壳里，听不到那些闲言碎语。

你是否经常被人说不行呢?

1. 有的人更关注自我,没有注意到自己的无心之失。

2. 有的人喜欢以己之长,比他人之短,好显示自己的优越感。

3. 你散发出的顺从气质,吸引到某些人通过贬低你来达到操控的目的。

4. 你比他强,所以他故意打击你诋毁你。

你是真的不行吗?

1. 有时候,你不是能力不行,而是正在做的事情不适合罢了。

2. 他们可能只看到了你某一个方面,没有了解全面的你。

3. 有时候,你的"不行"只是暂时的。当你足够有能力时,你就做得到。

4. 做不到也没关系,勇敢承认,寻找自己其他的长处,不用为此困扰。

> 长期活在别人的评价里,会让你变得更加自卑胆小,形成消极的自我认识,并破坏你的人际关系。正确应对他人的贬低,不要被他们击垮了信心,成为他人言语的"奴隶"。请记住,每个人都有自己的长处和短处。有人可能在某些方面表现得好,但在其他方面可能不太擅长,这非常正常。

被说不行的时候,该怎么办?

1. 分辨对方的意图并冷静对待,千万不要成为情绪的跟班。

2. 不要理会别人的嘲笑,对自己要有正确认识,不因别人的嘲讽打击而妄自菲薄。

3. 如对方有过分行为,及时制止或远离,并学会向外界求助。

4. 如果内心仍有疑虑和胆怯,可以先独自练习,或与好友一起演练,等熟练掌握后可以慢慢尝试。

5. 坚定自信,勇于自嘲,冲破他们的嘲讽动机。当你坦然接受自己时,恶意也不攻自破。

我只是与众不同而已，为什么要嘲笑我？

我只是和其他人不一样而已，为什么却变成了别人眼里的笑话。是因为我是那个少数，还是不同就是错的？他们的嘲笑让我觉得自己手足无措，我既想融入他们，又不想失去真正的自我，这种矛盾让我更加不安。

他们嘲讽你，只是因为你是特别的！

1. 你看起来和别人不太一样，就因为这样，就要被人嘲讽。

2. 你比较与众不同，因此很多人借着"开玩笑"的名义议论你。

3. 其实，你只是天生有些特别。

4. 请记住，你一定有自己与众不同之处。

他们嘲笑我的与众不同，有什么深层次的心理原因？

1. 他们嘲笑你的与众不同，其实是他们对自己的不接纳，与你无关。

2. 另一方面，嘲笑能够持续给霸凌者带来一种借贬低他人得到的"自我认可"。

3. 大部分人都会找寻和自己相似的人，而对不同的人产生排斥心理。

4. 有些人为了不被当作是异类，也会从众，加入霸凌的行列。

> 物以类聚，人以群分，与众不同是你的特点，但也可能会招来排斥。当你被嘲笑时，感到难过十分正常，这不是你的错。你可以学着付之一笑，并指出对方的蹩脚之处。如果感到难过，可以和信任的人分享感受。慢慢地，你会遇到欣赏你的人。保持勇气，你的与众不同终会成为你的骄傲。

面对这类嘲笑，该怎么办？

1. 做自己：你不需要跟别人一样，你就是最特别的一个。欣赏世界万物，包括你自己。

2. 正面思考：要把自己的不同看作是闪光点，你的"缺点"将来很可能成为你的财富。

3. 寻求帮助：向家人朋友寻求帮助，向他们倾诉自己的感受，寻求他们的支持。

4. 学会幽默：幽默感能够化解嘲笑，让那些嘲笑自动失效。

他们总嘲笑我穿得寒酸

为什么他们总要取笑我的穿着?我是穿着朴素,没有名牌,这有什么问题吗?为什么要以貌取人?

穿着是衡量一个人的标准吗？

1. 你喜欢校服，因为不用为了穿什么衣服而困扰。

2. 你借了表亲一双鞋，却被嘲笑是旧的。

3. 你害怕文艺演出，因为没有合适的表演服。

4. 你穿了假名牌，你假装和他们一样。

他们为什么要取笑我的穿着？

1. 孩子是大人的镜子。有些大人在孩子面前炫耀自家的身份地位，满足自己的虚荣心，孩子就会受到影响。

2. 有的孩子自认在学习、体育或艺术方面比不过别人，就将外在变成自己与他人比较的砝码。

3. 影视媒体、广告宣扬物质享受和所谓光鲜的生活，会使有些孩子变得在意自己的形象、穿着打扮。

4. 从众心理。当大多数人都在嘲笑穿着寒酸的人时，个体会为了融入群体而跟随这种行为。

人的价值应该是由你的品德、才能、付出的汗水与努力决定的，跟穿着无关。很多成功的人小时候也穿着简朴，他们成功靠的是自己的实绩而不是昂贵的衣服。如果你觉得难过，可以找信任的人聊聊。记住，真正的朋友是不会因为这种事情就看不起你的。

我怎样才能不在意他们的嘲笑？

1. 不要让别人影响你的情绪，你的价值并不取决于你的穿着。

2. 不要过多关注和回应无礼的嘲笑，让霸凌者自己感到无趣。

3. 尝试用幽默的方式回应嘲笑。比如别人笑你衣服打补丁，你可以说这是最时尚的极繁拼布风。

4. 提升内在修养。将注意力多放在学习与能力培养上。你的内心越丰富充实，你就越不在意别人对你外在的评价。

暗箭，让我苦不堪言

　　他们不敢当面霸凌我，只敢在背地里搞些小动作，在我的桌面上刻满污言秽语，损坏我的东西。即使我知道谁是主谋，但苦于找不到证据，只能听任这些事情的发生。

我成为他们"创作"的源泉

他们为什么在你背后搞小动作？

1. 他们不敢直接面对你，是因为他们知道自己做的事是错的。

2. 他们有时会具备自恋型或边缘型人格的特点，并会选择比自己弱的人当作施虐目标。

3. 他们可能觉得这样做不容易获得惩罚，存在着侥幸心理。

4. 他们自身遭受过挫折，通过欺凌他人来证明自己的价值或寻求群体认同。

这一类的霸凌者往往内心自卑，他们忌惮被霸凌的对象，不敢当面欺负，只敢在背后搞小动作。遇到这种情况，不要害怕，积极搜集证据并反击。记住，你的品格和勇气比他们强大得多，保持正直和善良，这才是真正的力量。

面对别人的"暗箭",该怎么办?

1. 当你被别人言语霸凌时,往往会怀疑自己,这是正常的反应。学会正确评价,有意识地屏蔽杂音。

2. 学会冷处理,采取适当的方式反击,平静地直面并沟通。

3. 寻求家庭和学校的支持帮助。老师可以监督约束霸凌者的行为,家长可以提供心理疏导和安慰。

4. 多交朋友、多参加集体活动,多接触社团活动,有助于建立对此类问题的解决信心。

长得胖为什么就要被人一直开玩笑？

我只是身材有点肉肉的，却成了众人的"焦点"。"胖墩""肥仔""胖球"，我的身材成了他们的笑柄。天生的我又碍着谁了呢？体型真的那么重要吗？

长得胖就是罪名？

1. 当前社会崇尚颜值，以瘦为美。

2. 将胖等同于"懒"，说你胖，也是在说你懒。

3. 将胖等同于"不健康"。

4. 体型肥胖的人，可能给人"浑身汗臭"的不良印象。

他们为什么要这样开玩笑？

1. 社会偏见认为胖子心宽体胖，开个玩笑没关系。

2. 他们可能会因为偏见、无知或恶意而开玩笑。

3. 他们可能因为自身的缺点弱点，用取笑别人的方式宣泄负面情绪。

4. 他们可能因为自卑，用贬低别人的方式获得心理平衡。

被人取笑体型确实让人很难过，但请记住，你的价值远不止于外表。每个人都像一本独特的书，有着自己精彩的故事。善良、幽默、才智这些都是构成"你"的重要部分。那些取笑你的人，他们只是匆匆翻了一下书皮，却错过了整本书。

他们一直这样开玩笑,该怎么面对?

1. 体型并不能决定一个人的价值或能力,要对自己有一个清醒正确的认识。

2. 体型只是霸凌你的一个理由。巧妙的回击才能有效制止霸凌。

3. 坦然地面对别人的嘲笑,不要被其左右。

4. 化"缺点"为优势,增加自信。

他们老说自己只是开玩笑，真的吗？

他们经常恶作剧，拿我取乐，还说这只是开玩笑，叫我不要当真。我觉得很尴尬很不舒服，好像所有人都在看我的笑话。有这样开玩笑的吗？

这真的只是玩笑吗?

1. 设计恶作剧捉弄他人,给人带来困扰和惊吓。

2. 故意损坏他人的物品,给人带来经济损失和不便。

3. 打击推搡,掐捏揪扯,故意绊倒或拉扯他人,给他人带来身体上的疼痛或伤害。

4. 某些情况下,无伤大雅的玩笑可以增进同学间的感情。

恶作剧，会给人带来什么影响？

1. 自尊心受损，产生自卑或自我怀疑。有些恶作剧还可能使人产生恐惧心理，留下心理阴影。

2. 对周围人产生不信任，造成社交困扰。

3. 注意力分散，影响学习。

4. 情绪波动大，暴躁易怒，或者变得冷漠，对周围人和事物失去热情。

> 你知道吗？真正的朋友之间的玩笑，应该是大家都觉得有趣的。如果有人一直做让你不开心的事，还说"我只是在开玩笑"，那可能就不只是玩笑那么简单了。当恶作剧变成经常性的行为，让你身心受损，这就变为霸凌了，此时我们就要积极应对，不能一味迁就和忍让。

经常被人恶作剧，该怎么办？

1. 尝试冷处理。有些人搞恶作剧是为了寻求关注，你对他的恶作剧表现平淡，他就可能在受挫后收手。

2. 尝试直面。正面面对恶作剧的制造者，你可以盯住他的眼睛说："你不要再搞这些小把戏，一点也不好玩！"

3. 向家人老师朋友寻求支持。让他们帮助你共同应对恶作剧带来的困扰。

4. 增强抗挫力，学习自嘲，不要把他人的态度和行为放在心上。

没有他们我就真的什么都不是了吗?

他们总是跟我强调没有他们的帮助,我就什么都做不了。如果我让他们不满意,他们就会把我甩了,再也不帮我。是这样吗?没有他们,我就真的什么都不是了吗?

他们对我来说很重要

1. 他们有时甜言蜜语，有时又出言讽刺，让我不知该如何应对。

2. 他们会带我们"见见世面"。

3. 他们会在我需要支持和安慰的时候出现，有时候又很冷漠。

4. 他们有时给予我承诺，有时又威胁我恐吓我。

为什么这其实是一种有害的精神操纵？

1. 关注与赞美、打压与贬低共存，这会让你自卑不安，更加离不开他们，这正是他们的目的。

2. 他们时而友善时而冷漠，这种不稳定的态度会让你更加依赖他们的认可，目的是让你持续寻求他们的好感。

3. 通过暗示只有他们才是你的朋友，试图切断你与其他人的联系，减少你的支持网络。

4. 利用"见世面"等承诺来展示他们的影响力，同时用威胁来保持控制。这种做法旨在建立一种不平等的权力关系。

"没有我你就什么都不是"这种说法是典型的精神操纵，通过让对方产生强烈的依赖感来控制对方的思想和行为。我们要认清自己的价值，而不是听这些人的嘴里怎么说。永远记住，价值是自己成就的，不是他人给的。

我该怎么办?

1. 增强自我认同感。正确认识自己的价值,不要因为他人的评价而否定自己。

2. 学会拒绝。没有谁高人一等。只要你拒绝他的无理要求,他就不敢用这样的方式欺负你。

3. 建立健康的关系,学会表达自己的需求和意见以及处理冲突和矛盾。

4. 寻求心理支持。向家长或老师寻求支持和帮助。

我害怕失去好朋友，只能忍着他的坏脾气

我的朋友脾气不太好，总是冲我发火，还时常威胁我不跟我做朋友了，并要求我做东做西。如果我不想失去这个朋友，是不是只能忍受？

我朋友脾气不太好

他为什么脾气坏呢?

1. 有些人先天性格较为暴躁,或是存在焦虑等心理问题。

2. 有些人因为家庭教育中缺乏关爱理解支持,导致他们性格扭曲。

> 有些人因为性格和心理的问题,脾气暴躁易怒,如果这种性格发展成霸凌或精神控制时,不能因为他是你的"朋友",就要无限容忍他的行为。真正的友谊建立在尊重和理解之上。清晰你们之间的底线和原则,学会保护自己,并寻求适当的支持。

3. 有些人的霸凌行为没有受到有效监管和惩罚。

4. 有些人无法处理学业、家庭等方面的压力,引发暴躁和攻击行为。

我不想再忍受他的坏脾气

1. 保持冷静，避免直接对抗，不要让恐惧或愤怒控制你的行为，这样可能会加剧冲突。

2. 告诉对方你的底线和原则，一旦越界，坚决予以礼貌拒绝。

3. 向父母、老师或是其他你相信的人寻求帮助，你还可以尝试和心理咨询师交谈。

4. 如果情况没有好转，学习一些基本自我保护技巧，并避免和霸凌你的人单独会面。

为什么他们会表面友善背后却孤立并嘲笑我?

当着老师的面,他们看上去非常友善,但老师不在时,他们视我为空气,无视我疏远我,还要在背后对我指指点点。有的时候他们还会大声嘲笑,故意让我知道!这种抱团孤立让我备受折磨。

这是当面一套背后一套的精神霸凌

他们为什么会有两副面孔？

1. 他们为了维护"好孩子"的形象，所以选择更隐蔽的间接攻击。

2. 他们通过给受害者传递矛盾的信息，造成一种"双重束缚"状态，增加了受害者的心理压力。

3. 表面的友好让他们能够自我安慰，认为自己"其实并没有那么坏"。

4. 这其实是一种"微攻击"。表面上看似无害甚至友好，但实际上在不断累积负面影响，这样让受害者难以明确指出并抵抗。

你知道吗？在你这个年龄，大脑中负责控制情绪和行为的前额叶皮质还在发育中，还不能很好地控制情绪和行为。这些两面派的作法反映的是他们自己的问题，而不是你的价值。

小朋友，你很棒，非常敏锐地发现了这种两面派行为的问题，这证明了你的情商和洞察力。保持自信，你值得拥有真诚的友谊。

朋友当面一套背后一套，我该怎么办？

1. 用积极的话语与自我对话，避免陷入自我怀疑。

2. 尝试以平和直接的方式表达你的感受，在表达自己观点的同时，倾听对方。

3. 维护自己的底线和界限，明确告诉他们你的感受和期望。

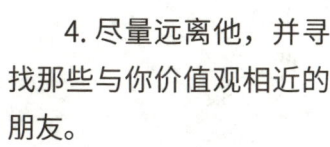

4. 尽量远离他，并寻找那些与你价值观相近的朋友。

为什么他们一直在网上骂我?

他们在个人账号骂我,在我的账号留言骂我,在贴吧论坛里骂我。我只要上网,就能看到各种对我的辱骂。他们为什么要这样?

为什么要网上骂人?

1. 网络提供了一个交流平台,有些同学在这里通过骂人发泄情绪。

2. 有些同学通过网上发表极端言论来吸引他人的注意,好得到关注和认同。

3. 网上的流行趋势很容易被模仿,有些同学看到骂人能获得某种影响力,于是效仿这种行为。

4. 匿名与责任感缺失,这让有些同学感觉可以不必为自己的言行负责。

网上辱骂他人，会造成什么影响？

1. 儿童缺乏理性思考的能力，无法形成成熟的是非判断力以防御恶意，网络霸凌会对他们造成一定程度的心理伤害。

2. 网络上的污言秽语会让受害儿童的人际关系更为敏感，对于建立信任关系也更困难。

3. 霸凌者在潜意识中会认为在网络里自己获得了完全的自由，可以为所欲为、大放厥词，给他们日后的成长埋下恶意的种子。

4. 网上辱骂他人的行为引发其他网民的效仿，导致网络充斥负面情绪和暴力言论。

网络好像是一个完全自由的世界，你可以借助一个虚拟账号肆意作为。但是，真的是这样吗？雁过留痕，使用网络暴力，随意辱骂他人的必然遭到应有的惩罚。如果遇到此种情况，建议向老师和家长寻求帮助，让他们在现实生活中找到霸凌的源头进行沟通和处理。

他们在网上骂我,我该怎么办?

1. 请保留好证据,将内容录屏、整理并在线公证。收集好证据后,可向平台举报申诉,如对方的行为严重,可根据《治安管理处罚法》向公安机关报案。

2. 这些在网上发泄的人,可能只是在表达不满,或者寻求关注。不要和他们"对骂",及时删除和屏蔽对方,注意保护个人信息。

3. 向父母、好友和学校的老师倾诉,寻求帮助和安慰。

4. 网络上的言语霸凌不过是一场比赛,获胜的办法就是不要生气。学会用幽默回应,你可以重复对方话语、转移注意力或者干脆"内涵"对方。

我的个人照片被他们当作威胁的工具

  我的个人社交媒体账户被黑客攻击了,照片被他们乱改一气之后,成为他们威胁和勒索我的筹码。他们要我按照要求配合做任何事,他们让我往东我就不敢往西。我非常害怕,感觉一辈子都要被毁了,我要怎么办好呢?

他恶意修改我的照片，还以此威胁我。

1. 他不知道从哪儿下载来我的照片，还给我换了个身体，并以此威胁我，让我给他打钱。

2. 他让我做他游戏里的"老婆"，要我跟他视频出来跟他见面，否则就要把假照片撒到学校里来。

3. 我想要揭发他，说他违法，但他用我的名声和人身安全作为威胁。

4. 见到威胁我不成，他把假照片传到网上赚钱，他赚得盆满钵满，我却成了所有人眼中的笑话。

他们为什么要用我的个人照片威胁我？

🦋 1. 勒索者可能处于经济困境或被金钱驱使，认为能通过威胁公开或传播私密照片来获得金钱，迅速解决自己的问题。

🦋 2. 勒索者渴望通过控制他人来获得权力感，满足自身存在感，特别在其社交受挫、缺乏自信或无力感时更容易出现这种行为。

🦋 3. 勒索者缺乏法律常识，并且认为自己面对的是小学生，藏于暗处的他们很难被捉住。他们认为其行为不会带来严重的后果。

> 将未成年人的照片当作威胁工具是一种极其严重的违法行为。这不仅侵犯儿童的隐私权和名誉权，还对他们造成心理上的深远伤害。面对这种情况，不要犹豫纵容，应该立即报警，向执法机构求助。同时，从你信赖的父母、好友那里获得心理支持也很重要。

面对这样的勒索，我该怎么办？

1. 不要害怕或恐慌，这些威胁都是虚假的，目的正是敲诈勒索，这是针对未成年人的严重违法犯罪行为。

2. 立刻保留好所有证据告诉父母和老师，向公安机关报警，并且配合公安机关的行动，这是最直接且有效的法律途径。

3. 不要单独与勒索者线下见面，无论他提出什么要求，保证自己的人身安全是最重要的。

4. 谨慎发布个人信息，并给自己的电子设备和社交帐户设置复杂的密码，并定期更换密码，以防止他人恶意侵入并窃取个人信息。

身上的伤,是我每天最不愿展示的秘密

我害怕霸凌,更怕的是别人知道我被霸凌,这让我觉得很羞耻。我身上的伤口是我无能的标志,只要被人看见,我就觉得自己仿佛又被打了一次。伤口会愈合,但留在心里的疤,却很难消除。

他们的暴力，让我身心破碎

1. 他们打我踢我推我，掐我抓我咬我，对我挥舞拳头，作势要打我，吓唬我。

2. 他们的脚下好像安装了监控。只要我经过，总会有一只脚伸出来把我绊倒。

3. 他们故意用东西砸我，还聚集在一起，发出嘲笑的怪叫。

4. 他们拉扯我的衣服和头发，造成隐蔽的伤口。我的心在流血。

为什么我不想别人知道我被霸凌？

1. 我认为被霸凌是很羞耻的事情，我不想让别人知道。我不想我的伤口变成笑柄，遭受二次伤害。

2. 那些事情既然已经发生了，也不能改变。我害怕他们报复，害怕情况会变更糟。

3. 我不相信大人能帮到我，他们不会处理好这件事，只会让情况恶化，小事变大。

4. 即便有人知道我的情况，也不会真正理解我、关心我。说出来有什么用，何必自寻烦恼。

> 肢体霸凌不仅给人带来身体伤害，还可能导致心理的创伤。有的孩子甚至为了隐瞒被霸凌的事实，与施暴者协商，只要不打脸、不打身体暴露的部位，就会被动接受霸凌。这是对于身心的双重摧残。我们要提高对霸凌的认知，第一次霸凌很可能只是开始，绝不能姑息纵容。

我可以露出自己的伤疤吗?

1. 应当及时告知可信赖的人,比如父母、老师或辅导员,报告给学校管理部门。

2. 保持沉默可能会让霸凌者继续霸凌,甚至加剧他们的行为,从而对你的生活造成长期的影响。

3. 如果你感到难以开口,可以用其他方式进行表达。希望你能找到打开心结的钥匙。

4. 如果情况严重,可以考虑向医疗法律等有关部门求助。保护自身安全,也要维护心理健康。

每次被人推倒，
　　我的心都在流血

推你一下怎么了，这就要哭了？

我个子小，他们就挑软柿子捏，动不动推我一下。有时候是两人夹击，我像一个皮球转过来转过去。我是碍眼了还是挡路了？他们不能用文明的方式跟我沟通吗？仗着他们有身体优势，就随意推挤别人？我都有心理阴影了，别人不小心碰我一下，我也以为他要把我推倒。

推搡这些小动作也是霸凌

1. 他总是推我，一见到我就用力把我撞开，在一些危险的地方他也这样做。我特别害怕他靠近我，总是想方设法离他远一点儿。

2. 他总是推我，有时候旁边站个人，他更会变本加厉，以显示自己的霸道。我的窘迫像是他的勋章。

3. 推搡让我受了很多伤，我摔倒在桌角，额头也磕伤了，但他们说这和他们无关。

4. 我也想过反抗，但换回来的是更隐蔽并加倍的霸凌，这让我难以改变处境。

推搡会对我们产生什么样的影响？

1. 严重的推搡可能会造成不同程度的身体损伤，比如淤青、骨折，甚至是昏迷，这需要引起足够的重视。

2. 不仅可能带来身体的损伤，也可能让人感到恐惧无助，甚至导致长期的心理健康问题。

3. 引发更严重的暴力行为：推搡这些行为可能只是霸凌者的"开胃菜"，当它们被容忍或忽视，它可能升级。

4. 使被霸凌者的人际关系受损，变得易怒或不愿意与人交流，难以向他人倾诉痛苦。

> 推搡这些小动作虽然看似轻微，但当这类行为出于恶意、旨在伤害或羞辱他人时，这种行为可以被视为一种霸凌，未来也有升级的风险。我们必须认识到这些小动作会带来的严重后果，并采取措施预防和制止这种行为。

面对推搡这类霸凌行为，我该怎么办？

1. 受到推搡后，先迅速离开现场，检查身体。如果有小面积外伤，应冲洗伤口，涂药包扎。如果受伤严重，应尽快就医。

2. 如后果严重，将时间、地点、事情经过告知父母、老师或学校相关部门，向他们寻求帮助，并请老师告知对方同学的家长。

3. 当因为推搡而摔下楼梯时，一定保护重要部位，比如抱住后脑勺，倒下时抬起头，头向前，以免头部受伤。

4. 采取迂回战术，尽可能拖延时间。必要时，向路人求助。

男孩子扯我头发，是因为他喜欢我吗？

有个男生趁我不注意，把我辫子使劲往后一扯，这真是挺疼的。他一次得手后，尝到甜头，又变本加厉。他们叫我不要生气，说这是想吸引我的注意，只是因为他喜欢我。可是，这怎么可能是喜欢？

若是以下这些情况,扯头发的行为就可能是霸凌

1. 他经常扯我头发,有时候甚至还说自己上瘾了,怎么制止都没用。

2. 他坐在我的后面,又是踢我的椅子,又是玩我的头发。

3. 他扯着我头发,我还因此差点摔倒了。

4. 有时候他把我的发辫扯过去,放他鼻子下闻味儿。有时候扯我头发,拽着我的头靠近他。

扯头发的行为可能由多种原因造成

1. 有些孩子通过扯头发的行为来吸引他人的注意,尤其当他们感到被忽视时。

2. 有些男生出于好奇,想要知道女生跟自己的身体到底哪儿不一样。

3. 有些孩子可能不知道如何以适当的方式与人交流,而采取出格的行为。

4. 有些男生轻捋女生头发可能是想帮助她整理形象,或者表达对她的喜欢和亲近。

> 判断扯头发是喜欢还是霸凌,需要综合考虑多方因素。最好与对方沟通,了解他们的意图和动机,不能打着"喜欢"的旗号任意凌辱他人。明确哪些行为可以接受,哪些不可。当对方表现出良好的行为时,应当给予积极的反馈和鼓励。重要的是,这不是你的问题,你可以处理好这种情况。

面对拉扯头发这类霸凌行为，我该怎么办？

1. 保持冷静和坚定的态度，直截了当地告诉对方，对方的行为是不可接受的。

2. 当场制止，告诉他们这样不可接受，并引起老师的注意，请老师及时介入。

3. 尝试平静地与对方交谈，明确表达你的感受以及希望对方改变行为的请求。

4. 了解行为背后的原因，引导对方使用正确的沟通方式，比如，用语言表达自己的需求。

遭遇霸凌，我能带武器防身吗？

他们总是欺负我，放学总是堵我在巷子口。我打又打不过，躲又躲不掉，我一个人怎么对付他们那么多人？要不我带个武器防身？万一他们对我动手，至少可以吓退他们！要是逼急了我，我也不是好惹的！

为什么有的孩子会想到使用武器防身?

1. 许多孩子目睹或亲身经历暴力事件后,感到恐惧并认为拥有武器是一种自我保护策略。

2. 在一些社区中,携带武器被视为一种获取尊重和保护的方式。孩子们可能因为受到同龄人的影响而想要拥有武器。

3. 在某些情况下,孩子们通过学习防身技能来增强自我保护能力,这种技能包含了对武器的使用。

4. 有些孩子常常喜欢把自己想象成威力无穷的英雄,因此对防身武器感兴趣。

带武器防身，可能会发生什么后果？

1. 携带的武器很有可能被人反抢走，反而会带来更大的伤害。

2. 学校和某些公共场合明确禁止学生携带或使用任何武器。

3. 公开携带武器并使用会对其他同学产生负面的影响，如引发恐慌情绪或对上学产生抵触心理。

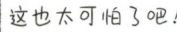

4. 携带武器可能会被他人利用，成为助长暴力的工具，危害公共安全。

未成年人最好不要随身携带武器进行防身。在我们遭受霸凌时，正当防卫是一种可能的选择，但还是首选非暴力的解决途径。我们首要的做法是寻求法律保护和学校、家庭的支持，而不是靠暴力自行解决。

如何在霸凌中不使用武器进行正当防卫?

1. 首先尝试避免直接冲突,可以先采取非暴力的手段比如口头警告吓退对方。

2. 使用强硬的言语斥责,让欺凌者意识到你不会轻易妥协,以防止对方进一步攻击。

3. 使用非致命自卫工具,如防狼喷雾或个人警报器,需要了解如何正确使用它们。

4. 学习基本的自卫技巧,保持良好的身体状态,尤其在面对突然袭击或紧急状态时。

为什么那些"大人"要来欺负我?

　　我被外面的大人盯上,他们对我纠缠不休,让我"上贡"。我不想再跟他有往来,但怎么都摆脱不掉。这些人动不动就威胁我,说他知道我家地址,甚至还知道我爸妈的电话,要是惹毛了他,我的家里人都有危险!

为什么这些人要欺负小学生？

1. 他们可能会因为在同龄人中得不到认同，想要依靠自己的年龄、体型或社交地位的优势而去支配小朋友。

2. 他们可能在社会或者媒体中看到类似的暴力行为，对其进行模仿。

3. 他们因为家庭或学校教育的缺失，没有形成正确的价值观和道德观，没有意识到霸凌行为对他人的严重伤害。

4. 他们可能自身也面临着压力或挫折，通过欺凌弱小来转移自己的负面情绪。

面对成年人的霸凌，我该怎么办？

1. 遭遇比自己强大得多的人霸凌，保护自身安全是第一位的，先答应对方的要求再寻求解决方案。

2. 如果有机会，可以选择逃跑，跑到安全的地方后可以报警，也可以尽快向父母或者是其他值得信任的大人求助。

3. 提高自我保护意识，避免单独行动，尽量与他人一起行动。注意周围环境，避免进入可能存在危险的地方。

4. 成年人的霸凌有可能属于违法乱纪行为，收集并保存好证据，使用法律武器保护自己。

> 如果遇到成年人或高年级生试图控制你，这是一种不当行为，你需要采取措施来摆脱这种控制。及时向老师家长报告，可以帮助你得到必要的保护和支持。只是忍受他们的拳脚、恐惧他们的威胁、继续留在这样的环境，可能会带来更负面的影响。请务必及时寻求帮助，保护好自己的安全和利益。

遭遇成年人的威胁，我该如何应对？

1. 尝试呼救引发在场其他人的注意，这可能会让你免于伤害。

2. 不要和陌生的成年人单独相处在封闭、狭小的空间里，以避免遭遇危险。

3. 社区支持。告知你的邻居或社区内的可信任人士，让他们保持警觉，必要时可向你提供帮助。

4. 脱身后立即报警，记录下所有威胁的内容、时间和频率，请警方介入调查，采取保护措施。

我的东西不是他们的玩具!

他们把我的书包拽下来,就像在玩游戏一样。书包在他们之间传来传去,被乱写乱画,当作球踢。他们一脸骄傲,仿佛这是他们的战利品。踢坏了,就丢进垃圾桶,弃之如敝履。我心里很难过,但不敢阻止……

他们以抢夺、玩弄和损毁他人财物为乐……

1. 她"借走"我的笔,最后还我一个废品,笔头、笔芯坏了,里面的弹簧都掉了,笔管也破了。

2. 他说想看一下我的表,结果给他抢了去,我知道这块表肯定有去无回了。

3. 我的东西经常跟我"躲猫猫",莫名其妙就不见了。我隐隐约约知道是谁做的"好事",但不敢跟他们对峙。

4. 我的文具盒成了他们打闹时趁手的"兵器",我想要回,最后被砸了个大包……

他们为什么要把别人的东西当作玩具？

1. 他们可能因为缺乏自我控制能力，在看到别人的东西比自己好时，会产生嫉妒心理，并付诸行动。

2. 他们的心理需求未得到充分满足，可能通过攻击性行为来寻求补偿或关注。

3. 他们的家庭忽视了对孩子的道德教育、情感教育，有一些家长甚至会做一些不良示范。

4. 这些行为可能是出于对物质欲望的满足和贪小便宜的心理。他们可能从拿走别人的书、笔或橡皮开始，逐渐养成不良的习惯，最终演变成盗窃行为。

> 毁损小额财物不仅包括经济损失，还可能对受害者造成情感上的伤害。霸凌者可能因为缺乏自我价值、嫉妒或寻求刺激进而做出破坏行为。社会风气、家庭教育方式也对此类的霸凌行为有重要影响。处理这类问题，应合理运用学校资源和法律手段，维护自身的合法权益。

如何应对个人的小额财务遭到毁损？

1. 保持冷静，收集证据，确保你有充分的证据来证明物品是被故意损坏的。

2. 尝试与霸凌者进行沟通，了解情况并表达不满，并学会运用合理的方式维护自己的权利。

3. 向老师或学校管理人员反映情况，故意损坏他人财物可能会导致纪律处分。

4. 如果对方拒绝赔偿，可以考虑通过法律途径解决。如果情节严重，需要向他追究民事赔偿责任。

如果我不给钱，他们会报复我吗？

他们找我要钱，开始是几块，后来是几十块、一百块，后来越要越多。他们说，给钱就能免受皮肉之苦。一旦拒绝他们，我一定会遭到报复！我的零花钱就那么一点，只能编造各种理由找爸妈要了，这让我特别内疚。

他们勒索我!

1. 我把自己所有钱的都掏出来给他了,但这样还是不够,我一下就欠了他们很多钱!

2. 他经常问候我:"你的账单已送达!"他像一个永远都喂不饱的饿鬼。我不想给钱,但不给,我又会被孤立。

3. 他问我要钱,我见他就躲,终于还是没躲过。不给钱,那就是一个手起拳落。他要打到我乖乖上贡为止。

4. 我把她当朋友,什么都跟她说。但没想到她却以此要挟,问我"借钱"。

如果勒索不给钱，我会不会受到报复？

1. 首先，你不用太紧张。有些勒索者可能只是虚张声势，好迫使你屈服。

2. 学校是相对安全的，如果你感到自己处于危险，应及时向校方报告，寻求他们的帮助和支持。

3. 采取防范措施并保持警惕，不要轻易泄露个人信息，避免单独行动。

4. 不要因为担心被报复而屈服，屈服只会助长他们的嚣张气焰。

> 如果你拒绝给予勒索者钱财，确实有被报复的风险，但这不是绝对的。只要你保持冷静，及时报告并求助，同时采取必要措施来降低风险，你就能够保护自己免受报复的威胁。不能因为担心遭到报复，而屈服于勒索者。你屈服了，他们只会更加肆无忌惮，欲壑难填。

如果被报复了，该怎么办？

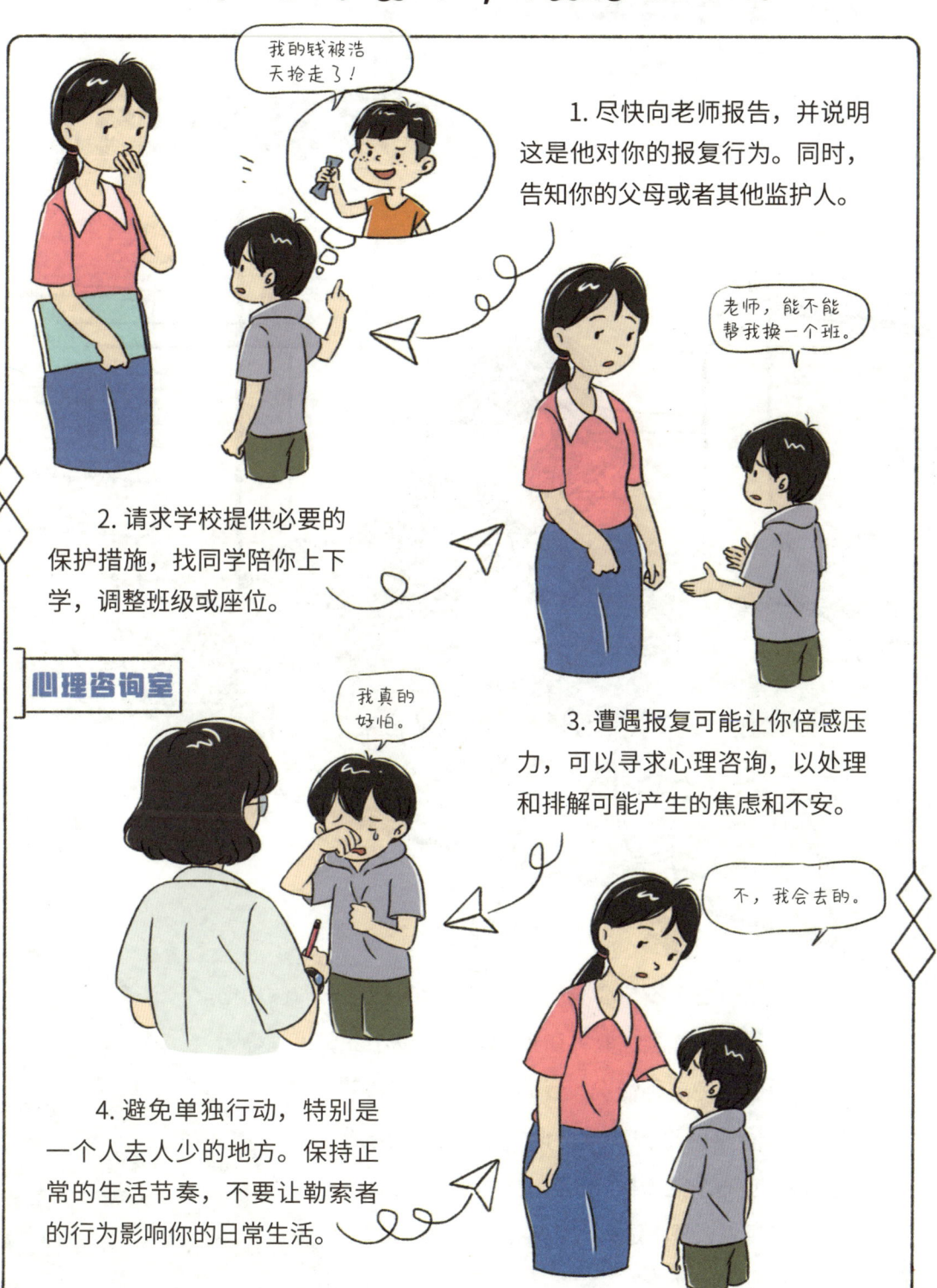

孩子遇到霸凌，必须转学吗？

我的孩子在学校被霸凌了。他们总是在放学的时候堵他，一起整他，搞恶作剧。似乎在校外那些人就不受管束，毫无顾忌。为了避免这种情况，我们每天都去接孩子放学。有一次我有事情没去接他，他的书包就被挂到了树上。孩子自己爬上树够书包，摔了跤。我太伤心了。思来想去，是不是只有转学了？

孩子遇到霸凌，家长要怎么做？

1. 教育孩子如何识别不同形式的霸凌，并教会他们如何应对。保持和孩子沟通，了解他们的感受和经历。

2. 及时向学校报告霸凌事件，确保学校采取有效措施来保护孩子。

3. 搜集证据，以备不时之需。让孩子带上录音笔或手机，录音或录像取证。尽量将霸凌者引向有监控的地方。

4. 如果霸凌问题严重，应该寻求专业帮助，如学校的辅导员、心理医生或社会工作者。

转学就可以一劳永逸了吗？

1. 在新环境结识新朋友，建立新社交网络，有助于摆脱过去的阴影。

2. 新学校不同的规章制度和文化氛围，可能对减少霸凌行为有积极影响。

3. 新环境可能同样存在霸凌问题，需要一定时间建立社交网络，可能让受害者陷入更复杂的困境。

4. 转学可能导致学业的中断和带来适应新教学方法的挑战。

> 孩子遇到霸凌，家长应该持有一个积极的心态，及时采取应对措施。当这些措施都不能有效解决问题，转学是最后的手段。家长还需认识到，转学并不能解决所有问题，还可能要面临新的问题：重新建立社交网络、适应学校老师等。如果新学校也存在霸凌行为，孩子没有从之前的霸凌经历中获得足够经验，就很难面对新的霸凌。

如果不转学,家长应该怎么做?

1. 与学校沟通,要求学校采取措施来制止霸凌,与学校建立紧密的合作关系。

2. 如果沟通无效,学校没有做到有效解决,运用法律、媒体,适度扩大事件的影响力,直到引起重视为止。

3. 坚决让学校依据校园规章制度对霸凌者进行制裁,绝不能姑息纵容。

4. 在孩子面前尽量保持镇定,让孩子学习到冷静处理问题的能力,从而以更好的心态去面对问题。

大人如何能更好地帮助孩子理解霸凌者？

他们为什么欺负我，难道就是因为我好欺负？

很多孩子一遇到霸凌，就很恐慌。屈服于霸凌者的"强势"，忍受身心的创痛和折磨。不妨尝试去理解霸凌者，了解他们的行为动机和行为背后的原因，有助于我们积极应对霸凌。

霸凌者有哪些典型的性格特征？

1. 他们可能会表现出明显的反社会行为，如无视规则、侵犯他人权益等，并缺乏悔过之意。

2. 情绪失控。他们无法有效管理情绪，遭受挫折时，他们可能会将负面情绪转移到别人身上。

3. 高自尊和自恋。他们认为自己是群体中的支配者，并且相信其他人渴望被自己支配。

4. 投射和隔离。他们可能会将自己的软弱特质投射到受害者身上，并通过攻击受害者来隔离这种感受。

为什么我们要试着去理解霸凌者并采取行动？

1. 解铃还须系铃人。霸凌行为往往背后有复杂的根源，通过识别根源，采取更有针对性的措施。

2. 理解霸凌者有助于我们培养共情能力，使我们在面对霸凌时做出更人性化的判断和处理。

3. 很多霸凌的问题其实是家庭、心理、情感的问题，他们和被霸凌者一样想要社会支持。通过心理咨询等方式，可以帮助霸凌者以更健康的方式处理冲突和情绪。

4. 通过理解，选取相应的干预措施，比如尝试在家长和老师的陪同下，和霸凌者平和地沟通与交涉，可以降低霸凌行为复发的风险。

> 霸凌者可能是因为自身遭受挫折，而将负面情绪转嫁到他人身上，也可能是由于社会与个体之间的相互作用而产生霸凌行为。我们需要尝试去理解他们，了解他们行为背后的原因，与他们共情，有助于我们站在更全面客观的立场、以更人性化的方式去处理这种行为，制定更有效的干预措施，保护弱小者。

我们要如何理解霸凌者的行为动机?

1. 浩天打了小明,他认为自己没有错,这个世界本来就是充斥暴力的世界。

2. 每次遇到冲突,浩天都不知道要怎样去沟通。生气、发怒,诉诸破坏的行为,只是为了彰显自己的存在感和统治力。

3. 浩天要想别人都服他,那就要靠拳头硬。

4. 浩天也曾经想要做一个"乖"孩子,但是周围已经没有人再相信他了,索性破罐子破摔。

大人是否可以找孩子学校的"领头人物"帮忙？

孩子在学校遇到霸凌，大人不能时刻守护左右。是否可以找学校的大哥大或大姐大帮忙，一物降一物？不管这些人采取怎样的方式，只要我的孩子受到保护、不被霸凌就可以了。而且小孩子之间更好沟通，比家长出面闹得不可开交要好。

找"领头人物"帮忙可能带来什么样的后果？

1. 领头人物的举动可能引发新一轮的报复，反而让情况变得更加复杂。

2. 领头人物虽然可以起到震慑作用，也不能一直保护被霸凌者。

3. 领头人物可能会索要回报，甚至成为新的霸凌者。

4. 为了对抗，霸凌者也会扩张她的声势，最后让矛盾冲突升级。

面对霸凌，
家长如何正确向外界求助

1. 一旦发现孩子遭受霸凌，首先多陪伴孩子左右，不论是陪同接送，还是心理支持，家长是孩子的第一道护盾。

2. 与学校保持密切沟通，详细描述情况，并要求学校进行调查和处理。持续了解孩子在校情况，和学校共同监督和保护孩子。

3. 对于严重事件，家长可以寻求法律援助，不要有畏难心理，目前，各地检察机关正在逐步建立未成年人检察工作室。

老师您好！我是小新的妈妈，谢谢你们的照顾。

> 遇到霸凌，不能去找一个所谓学校小霸王式的人来帮忙解决问题。以暴制暴不是解决问题的根本办法，反而可能把事情变得更复杂更难处理，可能使受害者面临更大的危险，引发更严重的暴力事件。最重要的是，这么做违反了相关的法律法规。我们应该采取合法、合理的方式解决问题。

家庭如何与学校建立更好的支持系统

1. 家校共同制定和执行反霸凌的政策和措施,家长需要给予学校充分的配合和支持。

2. 家校应关注孩子的情绪和行为变化,及时发现异常并进行干预。

3. 家校积极沟通合作,加强法律法规学习,采用疏导和化解的方式,避免更大问题的发生。

4. 学校应通过教育和培训,提高教师识别和应对欺凌行为的能力,并对教职员工设立相应奖惩制度。

孩子动不动就想哭，这是抑郁了吗？看医生有用吗？

孩子经历了霸凌，我们以为事情都过去了。可是并没有，他变得很爱哭，没来由地哭。也不出声，就是默默流泪。有时候以为劝好了，转头他又哭了。这是抑郁了吗？要怎样帮他？需要看医生吗？

抑郁表现在哪些方面？

1. 长时间的情绪低落，持续感到沮丧、无精打采或绝望，几乎每天大部分时间都心境抑郁。

2. 对于几乎所有活动的兴趣或乐趣都明显减少，做什么都没有兴趣。

3. 在未节食或增肥的情况下体重明显减轻或增加，或食欲持续异常。

4. 感到疲乏无力，精力不够用。一个事情开始没多久，就不想做了。

动不动就想哭是抑郁吗？

1. 长期遭受霸凌可能导致情绪低落、自我贬值，甚至出现抑郁症状。

2. 抑郁症状包括情绪低落、兴趣减退等。如果持续时间长，就要怀疑抑郁症的可能。

3. 判断一个人是否患有抑郁症，需要专业人员进行全面的心理评估。

4. 除抑郁症外，被霸凌者还可能出现其他心理健康问题，如焦虑症、PTSD 等。

> 孩子有被霸凌的经历，动不动想哭，并不一定是抑郁症。虽然频繁无故哭泣可能是抑郁症的一个迹象，但也可能由其他因素引起。如果哭泣无法控制、更频繁，或者伴有其他症状，建议及时就医，进行评估，并采取相应的治疗措施。家长需要多倾听孩子的感受，理解他们的处境。

对是否需要看医生的建议

1. 频繁且持续的想哭。如果这种情况频繁发生，且持续时间较长，影响日常生活，建议就医检查。

2. 伴随其他不适症状。除了想哭外，还伴有情绪低落、兴趣减退等症状，应怀疑抑郁症的可能。

3. 自我调整无效。如果尝试通过自我调整来缓解情绪，但效果不佳，也建议寻求专业帮助。

4. 专业评估与治疗建议。心理咨询师或医生会对你进行全面的心理评估，给出相应的治疗建议。

如果你看到有人被霸凌，你该这么做！

我看到我的同学被霸凌，但我不知道该怎么办。看见他们痛苦的表情，我也感同身受。但是，我害怕如果自己站出来帮助被霸凌的同学，我自己也会成为下一个目标。我感到内疚，但又无能为力，这让我非常困惑和难过。

为什么你不敢帮助被霸凌者?

1. 你可能觉得,如果我帮助了被霸凌的同学,我可能就成为霸凌者的报复对象,到时候甩都甩不掉。

2. 你可能觉得,这个同学本来就不合群,要是我帮了,会不会也被孤立了?

3. 你可能觉得,告诉了老师家长也没有用,霸凌者只会变本加厉或是换一种更隐蔽的方式欺负人。

4. 我很想出手相助,但我不知道确切的步骤,反而帮了倒忙,加剧了双方之间的冲突。

身边有被霸凌的同学,你该这么做!

1. 表达支持,倾听并理解。让对方知道你的支持,耐心倾听对方的经历和感受,让对方感到不孤单。

2. 鼓励对方向家长老师寻求帮助。如果对方不愿意,你可以陪他一起去。

3. 向对方提供心理健康资源信息,告诉对方有哪些机构可以提供支持和帮助。

4. 陪伴和参与。在可能的情况下,陪伴对方上放学。邀请对方参加社交活动,帮助对方认识更多朋友。

> 当你看到有同学在遭受霸凌时,你可以采取一些应对措施,但要注意不要让自己处于可能引发冲突的情境之中。你的行动可能对受害者产生巨大的影响。

如果你看到有同学被霸凌，怎么办才能正确帮到他？

1. 先在确保自身安全以及不会激化矛盾的前提下，尽量多支持受害者，给被霸凌者提供语言和精神上的支持与安慰。

2. 在霸凌发生时，找借口分散霸凌者的注意力，比如说"老师找你"，引导被霸凌者离开。

3. 遇到正在实施的霸凌行为，需要记住利用好"旁观者"的力量，多拉一些参与者进来，大家一起发声更有力量。

4. 遇见霸凌行为，及时做好时间、地点、霸凌情况的记录，并向老师或学校管理人员报告，提供详细证据。